1888 février 27

VUES DE PARIS
DE BRETAGNE
ET DE NORMANDIE

PAYSAGES, FIGURES
ANIMAUX

AQUARELLES

PAR

Edmond DEBON

Vente du 27 Février 1888

AQUARELLES

Vues de *Paris*, de *Bretagne* et de *Normandie*
Paysages, *Figures* et *Animaux*

PAR

Edmond DEBON

DONT LA VENTE AURA LIEU

HOTEL DROUOT — SALLE N° 5

Le Lundi 27 Février 1888, à 3 h.

Mᵉ Ch. RICHEFEU	**M. VAN HOESERLANDE**
COMMISSAIRE-PRISEUR	EXPERT
3, Avenue de l'Observatoire	46, Rue Lafayette

Chez lesquels se distribue le Catalogue

EXPOSITION PARTICULIÈRE

ATELIER DE MONSIEUR DEBON

99, Rue de Vaugirard

Du samedi 11 au jeudi 23 Février

de midi à 5 heures

EXPOSITION PUBLIQUE HOTEL DROUOT, SALLE N° 5

LE DIMANCHE 26 FÉVRIER 1888, DE 1 H. A 5 H. 1|2

CONDITIONS DE LA VENTE

La vente sera faite au comptant.

Les acquéreurs payeront cinq pour cent en sus des enchères applicables aux frais.

L. HANNEQUIN, Imp. de la Société libre des Artistes Français.

UN AQUARELLISTE

Edmond DEBON

En présentant l'année dernière, au public parisien, l'œuvre si remarquable du libre et sincère aquarelliste Edmond DEBON, nous pensions bien avoir dit tout ce qu'il fallait dire sur ce talent primesautier. Mais nous ne savions pas, nous n'avions pas osé espérer que le succès de l'Exposition qu'on tentait de cette œuvre et de la vente qui l'a suivie serait aussi décisif. Nous avions surtout omis d'exprimer le vœu que l'artiste se hâtat par un nouvel et ardent effort, de remplir ses cartons vidés jusqu'au tréfonds par l'engouement trop justifié des amateurs, et à vrai dire — il nous semblait malaisé qu'il y parvint.

Le voilà cependant tout prêt à affronter une deuxième fois, le verdict d'un juge qui lui fut, dès l'abord, si favorable.

A peine, avait-il, par les conséquences si légitimement fructueuses de cette première tentative, acquis quelque droit au repos, qu'il partait cueillir une moisson nouvelle, arracher leurs derniers secrets aux plages bretonnes, chercher aux vraies sources des maîtres — dans la gaité de l'air et du soleil — une nouvelle série de ces sensations artistes dont il demande, avec tant de raison, à l'aquarelle, une traduction parfaite.

Mais cette fois, c'est dans son milieu même d'artiste, c'est chez lui qu'il a convié les amateurs; l'innovation n'est pas pour nous déplaire et voudrait être encouragée; il nous a paru parfois que l'ensemble d'une œuvre perdait, à se loger en garni, tout ce qu'elle eut gagné à se produire dans le cadre habituel, familier du Peintre.

C'est donc dans l'intimité de l'atelier fidèle, en ce coin paisible de Vaugirard où toute une colonie d'artistes semble avoir cherché un refuge contre la civilisation tapageuse, que DEBON a disposé avec éloquence, pour le plaisir des yeux, les impressions qu'il a rapportées de la *Côte Bretonne*, et cette seconde série d'aquarelles qui continue l'histoire de Paris. Celle-ci n'aura pas un moindre succès que la première ; une fois de plus l'aquarelliste aura fait chanter avec un art infini des nuances, la gamme exquise de ces gris dont le ciel de Paris est prodigue.

Mais, depuis un an (l'artiste s'est-il aperçu que ces bois, ces plages, ces plaines n'étaient point faits pour la solitude ?) ces paysages se sont animés, peuplés, de petites figures vivantes. Et ces personnages campés d'une façon amusante, viennent égayer les sites fouillés jusqu'à l'indiscrétion, mettre un soupçon d'humanité dans cette nature. Ainsi l'artiste s'est complété, — et la maîtrise est désormais entière dans l'œuvre originale et puissante qui sera — faut-il l'en plaindre ou l'en louer — dispersée demain !

Paul DUPRAY,
Rédacteur en chef du *Journal des Artistes*.

AQUARELLES

VUES DE PARIS

1. Notre-Dame, vue prise du Quai des Bernardins.

2. La Cité, Le Pont-Neuf, du Quai du Louvre, matin de mars.

3. L'Embouchure du Canal Saint-Martin, décembre.

4. La Seine entre le Quai d'Orsay et le Cours la Reine, Trocadéro, soleil couchant.

5. Bord de l'Eau, Quai de Bercy, jour d'orage.

6. Pont Royal, Pavillon de Flore, avril, effet du matin.

7. La Station des Hirondelles au Jardin des Plantes, avril.

8. Quai de Béthune, Pont de l'Estacade, au matin.

9. Pont de Solférino, Le Quai d'Orsay, par beau temps.

10. Au bord de l'Eau en février, Quai d'Ivry, Pont de Tolbiac.

11. Péniches et Remorqueurs, Station du Pont d'Austerlitz, Inondation.

12. Le Pont de Sully, La Seine, le matin.

13. Jardin du Luxembourg au Printemps, La Fontaine de Carpeaux

BRETAGNE

14. Le Port de Roscof, matinée grise.

15. Le Port et la Rade de Perros Guerec, basse mer, fin du jour.

16. Le Port et la Rivière, basse mer, Lannion.

17. L'Entrée du Port, Tréguier.

18. A Morlaix, La Grande rue.

19. BRUMES DU MATIN AU BORD DU CANAL, LE VIADUC MORLAIX.

20. GROS TEMPS A BASSE MER, PORT ET RADE DE PAIMPOL.

21. L'EGLISE NOTRE-DAME, LE BUREAU DE POSTE, GUIMGAMP, jour de pluie.

22. LE BATEAU VERT, A ROSCOF, soleil couchant derrière l'Ile de Batz.

23. PETIT YACHT, DANS LE PORT DE BINIE, gros temps.

PLAGES, LA MER

24. LE PIGNON BUTTE-OR, CAROLLES (*Manche*).

25. LA PLAGE DE CAROLLES (*Manche*) BASSE MER LA POINTE DE GRANVILLE.

FIGURES ET ANIMAUX

34. Le Veau qui appelle.

35. La Vache blanche, Verger normand.

36. La Vache anglaise, Paturage.

BASSE NORMANDIE, PAYSAGES

37. L'Entrée du logis, Un Chataignier au Hamelet, Carolles (*Manche*).

38. Les Falaises de la Nevouerie, Un Chêne, Bouillon (*Manche*).

39. La Basse Mazurie, Un Ormeau, Carolles, (*Manche*).

40. Un coin du Bocage en aout.

41. La Ferme sous les grands Ormes, soleil couchant.

42. Le Fournil de Langotterie (*Manche*), Automne, fin du jour.

43. Frênes d'emonde, haguée du Hamelet, Carolles (*Manche*)

44. Le Plateau des Perrières, Un jeune chêne, août.

45. Les près et les arbres au soleil d'octobre.

46. Le Hamel Durand, Un Pommier, Saint-Michel-des-Loups (*Manche*).

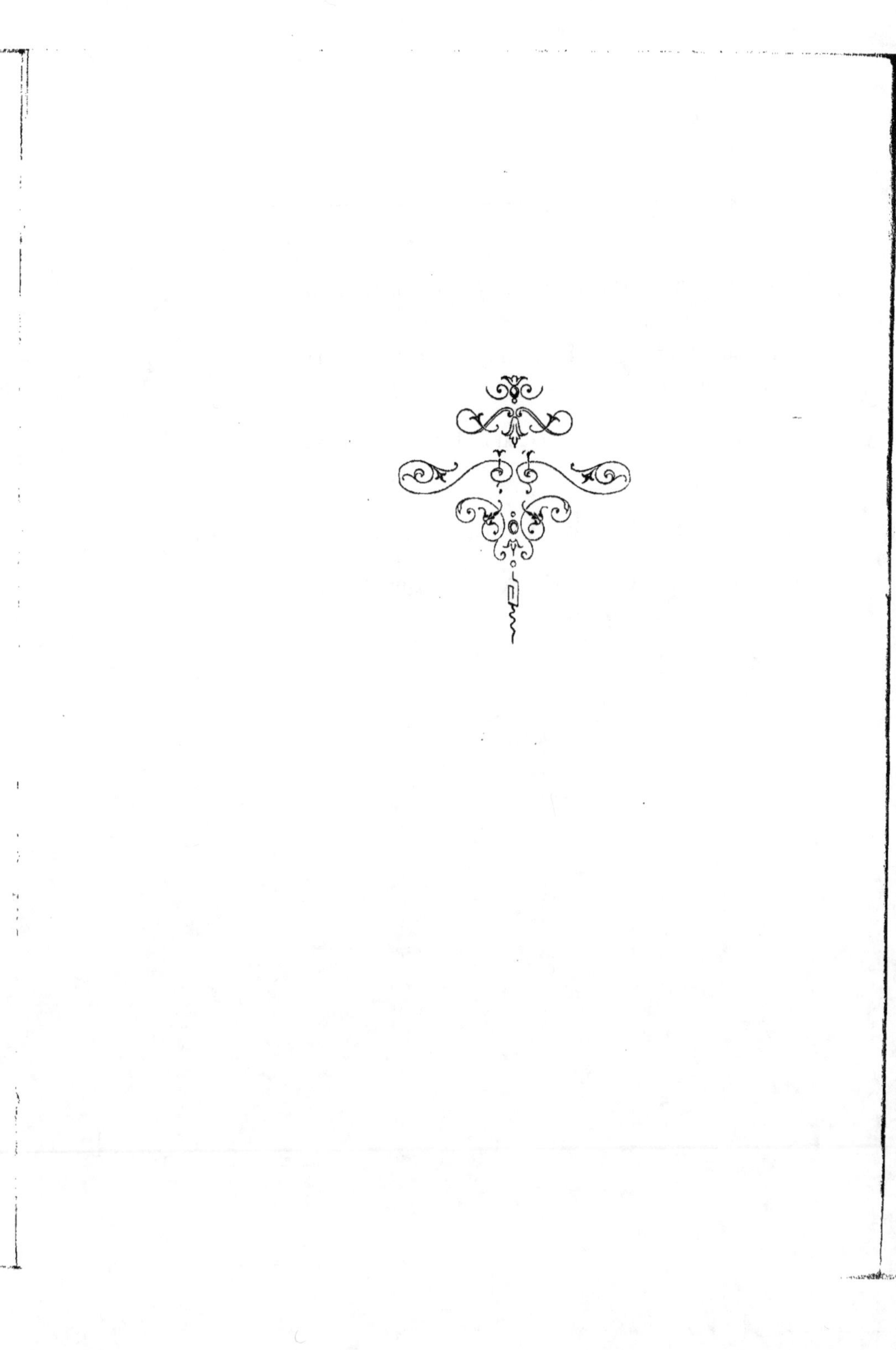